FINANÇAS
SEM
MESTRE

RICARDO C. M. PORTELLA

SUMÁRIO

INTRODUÇÃO

O propósito deste livro é apresentar de modo fácil e com uma linguagem simples o mundo das finanças. Com a perspectiva de crescimento do país nos próximos anos, achamos que é fundamental ter um conhecimento de finanças e poupança para aproveitar as oportunidades que as reformas estruturais que estão para serem feitas no Brasil trarão. A perspectiva é que a economia cresça muito ao se livrar das amarras do Estado, e deste modo quem estiver preparado terá mais condições de surfar esta onda.

Os assuntos serão abordados num crescendo de complexidade. Partindo da questão do orçamento pessoal, passando por renda fixa e chegando à renda variável e suas variantes mais avançadas como opções e mercado de futuros.

Não dá para prometer que você vai ficar milionário em três anos com apenas R$ 1.500 reais de investimento inicial como algumas propagandas prometem por aí, mas garanto que você terá um arsenal de ferramentas além da poupança para começar a dar seus voos solo na floresta financeira. Infelizmente, não existem fórmulas mágicas para se ficar rico rapidamente e com pouco esforço. Para isto você vai precisar trabalhar e se esforçar bastante, além de ter que estar disposto a se arriscar como empreendedor.

Mas é fundamental que você tenha uma cultura de poupança e investimento. Um investimento não serve apenas para você ficar rico, mas especialmente para ficar tranquilo na sua aposentadoria. Poder fazer aquela viagem tão sonhada e muitas vezes adiada por falta de planejamento financeiro. Espero que ao final de deste livro CDI, ETF, BOVA11, e outros não seja apenas uma sopa de letrinhas para você.

ARRUMAÇÃO DA CASA

Não adianta nada pensar em investir se você gasta mais do que arrecada. É que nem uma empresa. Se você gasta mais do que ganha, uma hora vem a falência, a não ser que tenha o controle da máquina do dinheiro como o governo, mesmo assim a longo prazo a coisa vai por água abaixo, como vimos acontecer no governo da Presidente Dilma.

Então a primeira coisa é organizar o seu orçamento doméstico e controlar o seu caixa. Saber quanto se ganha é relativamente fácil, pois pessoas físicas em geral tem apenas uma fonte de renda, no máximo duas no caso de casados. O mais complicado em geral é saber para onde vai o dinheiro. Em geral se descobre que está gastando mais do que ganha, quando no final do mês a sua conta bancária está no vermelho, no cheque especial, e aí bate o desespero! O ideal é não deixar que esta situação aconteça.

Basicamente os gastos podem ser classificados em

duas categorias, gastos fixos e gastos variáveis. Gastos fixos são gastos que se tem certeza que acontecem todos os meses e numa quantia razoavelmente conhecida. Gastos variáveis são aqueles que não tem uma regularidade fixa ou cujo valor varia muito ao longo dos meses.

Gastos fixos clássicos são contas de luz, água, condomínio, prestação de empréstimos, escola, etc. Em geral, são os maiores gastos do seu orçamento e são difíceis de se diminuir. Gastos variáveis são em geral itens de lazer, tais como cinemas, teatros, revistas, jantares fora, também são difíceis de se reduzir, mas não são gastos indispensáveis como no primeiro caso.

Coloque tudo numa planilha de cálculo e faça as contas. Se você está no vermelho, é hora de passar a faca nos gastos.

Receita	Janeiro	Fevereiro
Salário	R$10,000.00	R$10,000.00
Total Receita	**R$10,000.00**	**R$10,000.00**
Despesas	**Janeiro**	**Fevereiro**
Condomínio	R$500.00	R$500.00
Luz	R$200.00	R$200.00
Água/Esgoto	R$100.00	R$100.00
Escola	R$1,000.00	R$1,000.00
Seguro Médico	R$500.00	R$500.00
Supermercado	R$1,000.00	R$1,000.00
Prestação Carro	R$1,500.00	R$1,500.00
IPTU	R$1,500.00	R$0.00
IPVA	R$1,000.00	R$0.00
TV a cabo	R$300.00	R$300.00
Internet	R$100.00	R$100.00

Netflix	R$40.00	R$40.00
Empregada	R$1,000.00	R$1,000.00
Total Despesas Fixas	**R$8740.00**	**R$6240.00**
Cinema	R$100.00	R$100.00
Revistas/Livros	R$50.00	R$50.00
Restaurantes	R$500.00	R$1,000.00
Combustível	R$200.00	R$200.00
Viagens	R$0.00	R$3,000.00
Roupas	R$0.00	R$0.00
Manutenção Casa	R$100.00	R$100.00
Total Despesas Variáveis	**R$950.00**	**R$4450.00**
Receita - Despesas	R$310.00	*-R$690.00*

No exemplo acima o mês de janeiro ficou dentro do orçamento, mas o mês de fevereiro já entrou no vermelho por conta da despesa extra de viagem de lazer e restaurante. É um exemplo típico de orçamentos apertados onde qualquer gasto extra resulta num rombo na sua conta bancária, e aí o potencial disto se tornar uma bola de neve de dívidas é enorme.

O ideal seria ter uma folga no orçamento de pelo menos 10% da receita, no caso do exemplo R$ 1.000,00/mês. Então, tente cortar ao máximo os gastos variáveis e até mesmo os gastos fixos. Note que a Netflix foi categorizada como gasto fixo, pois todo mês a conta vem, mas não é um gasto essencial, pois podemos sobreviver sem Netflix (nem todos!).

Mas então, temos que cortar todos os prazeres da vida para poder investir? Pelo menos por um tempo sim. A ideia é economizar com um objetivo em mente (fazer uma viagem, comprar um imóvel, ...) e quando o montante de dinheiro necessário para realizar aquele sonho for atingido, utilizá-lo. Se não fizer isto, você estará pagando juros para outros e o que queremos é receber juros!

Para ver a importância de economizar veja o seguinte exemplo: suponha que você deixou na poupança R$ 10.000,00 durante um ano com uma taxa de juros mensais de 0,6%. Ao final do ano, você terá um total de R$ 10.744,20, um ganho de pouco mais de 700 reais em um ano. O corte da viagem no exemplo anterior lhe renderia R$ 3.000,00 em um mês!

Se você pesquisar a vida de muitos milionários famosos verá que todos são meio Tio Patinhas mesmo. É fundamental ter um controle nos gastos para se ficar rico!

Existem alguns softwares gratuitos que fazem controle de orçamento e contas na Internet. Um que eu gosto muito e é bem completo é o Money Manager que você encontra no site https://www.moneymanagerex.org/.

RENDA FIXA

Para entender o que é renda fixa, temos que fazer uma analogia do dinheiro com algo real como um imóvel por exemplo. Se você tem um imóvel extra, você não quer deixá-lo parado, pois isto lhe custa dinheiro como IPTU, condomínio, luz, água, e etc. Então, a solução natural é alugá-lo e conseguir uma renda de aluguel todo mês. Com dinheiro é mais ou menos a mesma coisa, você empresta (aluga) ele para alguém que irá lhe pagar um percentual do total de dinheiro emprestado (aluguel) que pode ser mensal, diário, semestral, ou qualquer outro período. A isto chamamos renda fixa, pois é um retorno com uma taxa de juros pré-fixada por um contrato. Em geral este "contrato de aluguel" é feito com um banco, mas pode ser diretamente com o governo federal ou um agente privado como uma empresa.

Vamos exemplificar isto em números. Digamos que você tem R$ 1.000,00 e irá emprestar a alguém por 12 meses a uma taxa de 0,5% ao mês. Então, no primeiro mês você irá ganhar R$ 5,00 e assim por diante, sendo que no final dos doze meses, o indivíduo irá devolver o capital inicial de R$ 1.000,00. Assim, ao final dos doze meses você terá um total de R$ 1.060,00. Nada mal, mas outros arranjos podem ser feitos, se você não quiser receber os R$ 5,00 a cada mês, você pode emprestar esses R$ 5,00 para o tomador do empréstimo e no próximo mês os juro seriam calculados em cima de R$ 1.005,00, o que daria um montante de juros para o mês seguinte de R$ 5,025 que seria reaplicado e assim por diante. Ao final de 12 meses você receberia um total de R$ 1.061,68. Neste caso se ganhou R$ 1,68 a mais que no primeiro caso, porque o juro foi cobrado em cima dos juros do mês anterior. A primeira situação dizemos que é um empréstimo com juros simples e a segunda situação um empréstimo com juros compostos.

A renda fixa clássica que a maioria das pessoas aplica é a velha poupança. A taxa de juros da poupança varia de acordo com o valor da taxa Selic que é taxa de referência da economia brasileira definida pelo Banco Central. Se a taxa Selic está acima de 8,5%, a poupança rende 0,5% ao mês mais a TR (taxa referencial) que é outra taxa definida pelo governo federal. Se a taxa Selic é menor ou igual a 8,5%, a poupança rende o equivalente a 70% da taxa Selic mais a TR. Como nos últimos meses a taxa Selic está estável em torno de 6,5% e a TR em 0,00%, os rendimentos mensais da poupança estão girando em torno de 4,55% ao ano ou 0,38% ao mês. Não é grande coisa. Além disso, o rendimento da poupança não é diário, isto que dizer que seu dinheiro tem que permanecer lá parado por 30 dias para ter algum rendimento, se você tirar antes disso não ganha absolutamente nada. A única vantagem da poupança é que os depósitos nela são garantidos por lei até R$ 250.000,00 através do sistema FGC (fundo garantidor de crédito), mas outros investimentos de renda fixa também têm esta garantia.

Mas se a poupança não é um bom investimento, que alternativas de renda fixa existem? Tem uma infinidade de aplicações melhores que a poupança, entre elas aplicações tão seguras quanto a poupança como os CDB's, LCA's e LCI's. Mas antes de falarmos sobre essas aplicações, temos que saber o que é CDI, ou certificado de depósito interbancário. O CDI na prática é um empréstimo entre bancos que serve para que os bancos cumpram regras de liquidez, isto é, ter dinheiro em caixa o suficiente para honrar depósitos bancários. A taxa de empréstimo dos CDI é uma referência no mercado. Quando se quer avaliar um investimento de renda fixa se compara a taxa de juros do investimento com a taxa do CDI. Esta taxa é calculada diariamente e é um pouco abaixo da taxa Selic.

CDB, certificado de depósito bancário, é um investimento onde o banco lhe garante um retorno sobre um capital investido ao longo de um tempo fixo. Então, é uma espécie de poupança com prazos maiores e juros melhores, mas assim como a poupança, se houver um resgate no meio do período você não ganha juro nenhum. O CDB é um empréstimo que você faz à instituição financeira e ela lhe devolve esse empréstimo com juros. Os juros são oferecidos na base de um percentual do CDI, na maioria das vezes abaixo desta taxa (70%) e a liquidez varia, isto é, você pode conseguir CDB's onde o pagamento de juros é diário ou então somente ao final do período de empréstimo. Obviamente, quanto mais tempo você estiver disposto a deixar seu dinheiro com o banco, melhor a taxa que ele vai lhe oferecer. LCA's (Letra de Crédito do Agronegócio) e LCI's (Letra de Crédito Imobiliário) são papéis similares ao CDB, em que o banco faz uso do dinheiro para emprestar a produtores rurais e investidores do mercado imobiliário. As modalidades são parecidas com a do CDB, e as garantias iguais a da poupança, isto é, todos estes investimentos têm uma garantia de até R$ 250.000,00 no caso de quebra do banco. Da mesma forma que a poupança, os investimentos em LCA e LCI são isentos de imposto de renda. CDB's pagam imposto de renda como as outras aplicações financeiras de forma progressiva ao tempo aplicado. Veja a tabela abaixo:

Tabela 1 - Imposto de Renda sobre Aplicações de Renda Fixa

Tempo Aplicado	Alíquota
Até 180 dias	22,5%
Até 360 dias	20,0%
Até 720 dias	17,5%
Mais de 720 dias	15,0%

Como falamos de juros pós-fixados, vamos

explicar mais um pouquinho a respeito. Basicamente, a taxa de juros de um investimento pós-fixado não é conhecida no momento de assinatura do contrato de investimento. Então, um investimento pós-fixado em geral tem uma taxa uma taxa pós-fixada, em geral atrelada a um índice de inflação. Você deve estar pensando, então é sempre melhor investir num papel pós-fixado? Não. Isto é válido num ambiente inflacionário onde a inflação tem expectativa crescente, mas numa economia estável ou com uma expectativa de inflação futura mais baixa, um título pré-fixado em geral é mais rentável. E como um assunto puxa o outro, por falar em inflação, a maioria dos títulos mencionados até agora não tem nenhuma correção da inflação, isto é, eles tem juros pré-fixados, ou quase, como é o caso da poupança cujos juros estão atrelados à taxa Selic que é decidida nas reuniões do Copom (Comitê de Política Monetária) a cada 45 dias.

Entretanto, a melhor aplicação de renda fixa atualmente é o Tesouro Direto. O maior tomador de empréstimo de um país é o próprio governo. Ele precisa deste dinheiro para financiar suas contas que infelizmente em geral ficam no vermelho. Assim, ele recorre a capitalistas privados para isto. Antigamente, apenas grandes instituições financeiras podiam fazer empréstimos ao governo, mas a partir de 2002 foi lançado o Tesouro Direto (https://www.tesouro.gov.br/tesouro-direto) que permite a qualquer um emprestar para o governo em quantias bem pequenas (atualmente a partir de R$

30,00).

Existem vários títulos à disposição do público, sendo o mais básico deles o Tesouro Selic que rende a taxa Selic corrente, e, deste modo, é um título com juros pós-fixados, pois a taxa irá variar ao longo do tempo. Todos os títulos têm tributação de imposto de renda conforme a Tabela 1, além disso tem uma taxa anual de 0,3% de custódia dos títulos na BMF&Bovespa. Apesar disso, é uma das melhores aplicações de renda fixa do mercado atualmente, pois além da rentabilidade compatível com os melhores títulos de CDB, LCI e LCA, conta com a garantia do governo. A Tabela 2 abaixo mostra alguns títulos disponíveis no site do Tesouro Direto:

Tabela 2 - Exemplos de títulos do Tesouro Direto

Título	Modalidade
Tesouro Selic 2023	Pós-Fixado
Tesouro Selic 2025	Pós-Fixado
Tesouro Prefixado 2026	Pré-Fixado
Tesouro Prefixado com Juros Semestrais 2029	Pré-Fixado
Tesouro IPCA+ com Juros Semestrais 2050	Pós-Fixado
Tesouro IPCA+ 2045	Pós-Fixado

Outra vantagem dos títulos do Tesouro Direto sobre CDB's e assemelhados é que todos os títulos têm liquidez diária, isto é, você não perde os juros do período se tirar antes do vencimento. Mesmo assim, os títulos do Tesouro Direto (exceto os da modalidade Tesouro Selic) só tem seu rendimento total garantido se forem resgatados ao final do prazo do título. Assim, se eles forem resgatados antes do vencimento você pode mesmo até ter prejuízo, isto é, resgatar um valor menor do que investiu. Isto é mais acentuado para os títulos com juros pré-fixados.

Você investe no Tesouro Direto através de seu banco ou corretora. É necessário primeiro cadastrar sua conta no Tesouro Direto através de sua instituição financeira. Depois disto você receberá uma senha que possibilitará investir no Tesouro Direto. O site do Tesouro Direto tem vários vídeos educativos que ensinam no detalhe como aplicar, as nuanças de cada tipo de título. O passo-a-passo de como investir pode ser encontrado neste link: http://tesouro.gov.br/pt/web/stn/-/como-investir-no-tesouro-direto-.

No início do Tesouro Direto, os bancos e corretoras cobravam uma taxa de custódia para os títulos do Tesouro Direto, mas atualmente não conheço nenhuma instituição financeira que cobre esta taxa adicional. Isto torna o Tesouro Direto uma das melhores aplicações de renda fixa do mercado. O site do Tesouro Direto conta com um simulador de aplicações que compara o rendimento do Tesouro Direto com várias outras aplicações. O link deste simulador é o seguinte:

https://simulador.tesourodireto.com.br/index.html#/inicio

Abaixo podemos ver o resultado de uma simulação utilizando uma taxa Selic futura de 6,5% ao ano.

Resultado da Simulação - Tesouro IPCA⁺ com Juros Semestrais 2050

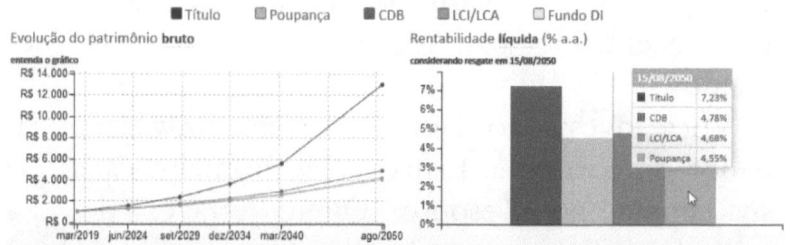

Neste título de longo prazo se pode ver toda a vantagem do Tesouro Direto sobre as outras aplicações. Simulou-se uma aplicação inicial R$ 1.000,00 em todas as aplicações, sendo que os juros semestrais pagos pelo título do Tesouro Direto foram reinvestidos a cada semestre. Em 2050, o Tesouro Direto proporciona um resgate em torno de R$ 13 mil, enquanto as outras aplicações esperam um retorno em torno de 4 a 5 mil reais.

Espero que este exemplo tenha lhe convencido a tirar seu dinheiro da poupança ou do CDB para colocá-lo no Tesouro Direto. É a melhor aplicação de renda com segurança total que você pode encontrar no mercado.

Mas isto não é tudo sobre a renda fixa. Ainda temos os títulos emitidos por agentes privados não financeiros como empresas. Temos as debêntures que são o equivalente ao CDB dos bancos, e os CRA (Certificado de Recebível do Agronegócio) e CRI (Certificado de Recebível Imobiliário) que são os títulos privados equivalentes às LCA's e LCI's. Esses títulos estão disponíveis em corretoras e instituições bancárias e pagam mais que a taxa Selic em geral, mas são aplicações de risco. Se a empresa falir, os primeiros débitos que ela deixará de pagar são estes títulos emitidos no mercado, e eles não tem a garantia de ressarcimento do FGC. Então, pesquise bem a saúde financeira da empresa antes de contratar um título desses.

Para terminar este capítulo deixamos aqui o endereço de outro site onde é possível fazer simulações de correção da poupança, valor futuro de capital e outras muito interessantes. É a Calculadora do Cidadão no site do Banco Central. Confira, é muito interessante e fácil de usar.

https://www3.bcb.gov.br/CALCIDADAO/publico /exibirFormCalculoValorFuturoCapital.do?method= exibirFormCalculoValorFuturoCapital

FUNDOS DE INVESTIMENTO

Fundos de Investimento é um assunto bastante complexo, não apenas pelo produto em si, mas pela variedade que é oferecida pelo mercado. Basicamente, num fundo de investimento, você entrega seu dinheiro para um gestor profissional aplicá-lo da melhor forma possível.

Assim, digamos que você ponha R$ 1.000,00 na mão do gestor, e ele aplica R$ 500,00 em CDB, R$ 300 em Tesouro Selic e os R$ 200,00 restantes em CRI. Outra pessoa entrega R$ 2.000,00 para este mesmo gestor e ele distribui esse dinheiro proporcionalmente entre os mesmos títulos, e assim por diante. Para guardar registro do dinheiro que as pessoas aplicam no fundo, seu dinheiro é transformado numa quota do fundo, e o valor unitário desta quota varia de acordo com os ganhos das aplicações. Por este trabalho o gestor cobra um dinheiro que é chamado de taxa de administração. Resumindo em pouquíssimas palavras isto é um

Fundo de Investimento.

Sobre os rendimentos do fundo incide imposto de renda, taxa de administração e em alguns casos taxa de performance. O imposto de renda segue a Tabela 1 do capítulo anterior, mas ao invés de ser cobrada ao final da aplicação ou no momento do resgate, ela é cobrada de forma antecipada de 6 em 6 meses. Esta cobrança de IR antecipada é chamada comumente de "come-quota", pois o que acontece é que o seu número de quotas diminui ao longo do tempo (se não houver mais aportes é claro). O come-quota é cobrado pela taxa mínima do fundo, isto é, 20% para os fundos de curto prazo (fundos que aplicam em títulos com resgate inferior a 365 dias) e de 15% para fundos de longo prazo. Não há perigo de bitributação, pois o IR pago no momento do resgate é apenas a diferença do imposto que seria cobrado normalmente e o que foi pago antecipadamente.

A taxa de administração é na forma de juros anuais aplicados sobre o montante investido, mas é cobrada proporcionalmente de forma diária. No capítulo anterior, vimos que os rendimentos anuais de renda fixa atualmente giram em torno de 4 a 7% ao ano (a.a.), então, preste atenção na taxa de administração. A depender do rendimento do fundo pode ser melhor para você fazer uma aplicação em um CDB simples, ou até mesmo a poupança! Se o seu fundo tiver taxa de administração maior que 1% a.a., comece a fazer contas, ou melhor ainda, procure um fundo equivalente com taxas menores. Em geral, quanto menor o valor do aporte inicial no fundo, maior a taxa de administração. Fique de olho na taxa de administração, ela pode fazer a diferença na sua decisão de entrar em um fundo ou não.

A taxa de performance é cobrada em alguns fundos quando há um ganho excepcional acima da taxa CDI. Em geral, esta taxa gira em torno de 20% dos ganhos que excederem os ganhos do CDI. A taxa é um estímulo para que os gestores façam boas aplicações e fiquem com parte do seu bom trabalho. Uma outra forma de ver a taxa de performance é que se o fundo der lucro, o gestor come uma parte do seu lucro, se der prejuízo, ele é todo seu! De qualquer maneira, este tipo de taxa só é cobrada em fundos de maior risco que prometem ganhos excepcionais, muito acima do CDI.

Se o dinheiro for resgatado antes de 30 dias, também há incidência de IOF que varia muito e pode chegar a mais de 90%, isto é, você acaba tirando quase o mesmo montante que colocou. Mas, como bom poupador, você já sabe que os bons negócios são de longo prazo, de dois anos para cima.

A liquidez é muito variável entre os fundos, assim como os valores de entrada e aportes mensais. Deste modo, sempre consulte estas importantes variáveis no momento de fazer sua aplicação. Tem fundos que pedem mais de 60 dias para fazer a movimentação, enquanto outros colocam o dinheiro na sua conta no mesmo dia em que foi pedido o resgate.

Fundos de investimento não são tão seguros quanto as aplicações de renda fixa, pois dependem dos títulos em que o fundo aplica. Entretanto, os fundos são bem regulamentados e se a corretora ou o banco onde você investiu em fundos falir, o patrimônio do fundo migrará para outra instituição financeira da sua escolha, exceto os títulos emitidos pela própria instituição que faliu. Então, fundos tem uma certa segurança, mas como qualquer outro investimento, em eventos catastróficos desta natureza sempre haverá perdas.

Como falamos no início, há vários tipos de fundo no mercado, fundos DI, fundos de ações, fundos imobiliários, fundos multimercado, fundos de dólar, etc. Então, qual o melhor fundo para aplicar? A resposta depende do seu perfil de risco, pois o risco destes fundos varia de acordo com o tipo de papel em que eles aplicam. É claro que quanto maior o risco, maior a possibilidade de altos ganhos e vice-versa. Assim, se você é um investidor conservador que fica nervoso com o sobe e desce do mercado, procure um fundo que aplique a maior parte do seu patrimônio em títulos públicos como os papéis do Tesouro Direto, e ao contrário, se você gosta de arriscar procure um fundo que faça grandes aportes na bolsa de valores. Note que se as ações caírem de uma forma generalizada, é bastante provável que seu dinheiro no fundo diminua ao invés de subir, isto é o valor das quotas irá diminuir. Tudo vai depender dos seus objetivos no investimento. Se seu objetivo é de curto prazo, invista em fundos conservadores, pois é garantido que você terá um montante maior ao final da aplicação, mas se seu objetivo é de longo prazo (5 a 10 anos) invista em fundos mais arriscados, pois no longo prazo a rentabilidade das ações (quase) sempre é maior que a da renda fixa.

FUNDOS DE RENDA FIXA

Fundos DI são fundos que são obrigados a investirem 95% do seu patrimônio em títulos públicos, os mesmos do Tesouro Direto. O restante, 5%, deve ser aplicado em investimentos de curto prazo. Deste modo, são fundos extremamente conservadores, e não vejo por que aplicar neles se hoje em dia é tão fácil aplicar no Tesouro Direto. Lembre-se que além do IR, você irá pagar a taxa de administração. São uma péssima aplicação na minha opinião. Talvez o único uso apropriado para tal tipo de fundo seja utilizá-los para aplicações de curtíssimo prazo onde você não deseja deixar o dinheiro parado na conta corrente.

Fundos de Curto Prazo, seguem a mesma linha dos fundos DI só que os ativos do fundo são compostos por títulos com prazo máximo de até um ano, mas na média a validade dos títulos investidos é bem menor que esta. Desta forma, a menor alíquota de IR paga nestes fundos é de 20%. Novamente, são fundos de baixa rentabilidade cuja utilidade é para ganhar algum dinheiro adicional para uso em curto prazo. A vantagem sobre uma poupança é a liquidez. Nestes fundos a liquidez é diária, enquanto na poupança é de 30 dias.

Novamente, se você está pensando no longo prazo, é melhor ir para o Tesouro Direto. Você sempre terá um rendimento maior com o Tesouro Direto do que com estes fundos. Fundos DI e Fundos de Curto Prazo são investimentos ultraconservadores e que devem ser utilizados só para casos especiais.

Fundos de Longo Prazo como você já deve ter adivinhado, investem em títulos de renda fixa de longo prazo. Em geral tem rendimentos melhores do que os de curto prazo, até mesmo porque a alíquota mínima do imposto de renda é de 15% comparado com os 20% dos fundos de curto prazo. Mas os títulos do Tesouro Direto ainda são imbatíveis na minha opinião.

Tanto fundos de curto prazo quanto de longo prazo são na sua maioria fundos conservadores como os Fundos DI, pois investem a maior parte de seu patrimônio em renda fixa e títulos públicos. Se quiser ganhos maiores, você tem que procurar fundos multimercado que investem em vários outros ativos como ações, ouro, dólar e outros ativos de risco. Deste modo, você pode ter uma rentabilidade maior que a taxa CDI ou Selic, mas em geral, se a economia vai mal, esses fundos também podem ter rentabilidade negativa. Particularmente, eu acho que se você quer investir em fundos de investimento, os fundos multimercado são a melhor opção, pois tem grande chance de proporcionar uma remuneração maior que o Tesouro Direto. Mas atenção, você tem que deixar seu dinheiro lá por um prazo maior que dois anos, caso contrário você poderá até resgatar um valor menor do que quando aplicou.

FUNDOS MULTIMERCADO

Fundos multimercado como o próprio nome diz, são fundos que investem em papéis diversificados como renda fixa, ações, investimentos imobiliários, agropecuários, ouro, dólar e até mesmo em mercados internacionais. Os fundos multimercado tem potencial de rendimentos bem maior que os fundos de renda fixa, mas como qualquer ativo que tem maior potencial de lucro, tem risco maior também, e por isso não são adequados para reservas de emergência e necessidades de curto prazo, pois estão sujeitos a perdas no curto prazo. Você tem que ter em mente que o dinheiro que colocar nestes fundos deve ficar por um longo prazo, dois anos pelo menos para ter uma garantia de rendimento maior que a taxa CDI. Em termos de fundos são a minha preferência, pois garantem um investimento diverso com pouco esforço. Entretanto, você tem que pesquisar bastante para conseguir um bom fundo. Novamente, foque em fundos com baixa taxa de administração, liquidez baixa e gestores confiáveis. A liquidez destes fundos, como eles aplicam boa parte de seu patrimônio em ações, é relativamente baixa. Certos fundos requerem mais de 30 dias para o resgate cair na sua conta.

FUNDOS DE INVESTIMENTOS IMOBILIÁRIO

Fundos de Investimento Imobiliário (FII) são fundos que investem exclusivamente em títulos imobiliários como os LCI's e CRI's, assim como podem investir diretamente em ativos para renda, isto é, shopping centers, salas comerciais, galpões industriais e etc. São papéis bastante interessantes e com algumas regras diferenciadas, assim, iremos falar mais deles quando falarmos de ações, pois suas quotas são negociadas na bolsa de valores ao invés de serem compradas diretamente da corretora ou banco.

FUNDOS DE AÇÕES

São considerados fundos de ações aqueles que aplicam mais de 67% do seu patrimônio em ações. Não é necessário dizer que são fundos de alto risco. Ao contrário dos fundos que tem a maior parte do seu patrimônio em renda fixa, os fundos de ações têm imposto de renda cobrado apenas no saque e na faixa de 15% em cima do lucro. Fundos de ações também não tem o malfadado come-cotas.

A vantagem de fundos de ações é que você investe numa carteira de ações diversificada de forma fácil e mais barata do que se fosse comprar as ações de forma individual, além de não pagar a taxa de corretagem da bolsa. A desvantagem é que você paga por esse serviço (taxa de administração) e muitas vezes não é fácil descobrir em quais ações o fundo está aplicando. Aliás, esta última afirmação é válida para todos os fundos. Descobrir em quais ativos o fundo aplica na maioria das vezes não é uma tarefa fácil.

FUNDOS CAMBIAIS E FUNDOS DE OURO

Fundos cambiais e fundos de ouro são fundos especializados que se propõe a seguir as variações do dólar americana e ouro, respectivamente. Esses tipos de fundo são considerados no mercado mais como uma proteção (hedge, em inglês) para casos de alta inflação, quedas de bolsa de valores e outras hecatombes financeiras, do que um investimento de alto risco. É claro que você poderia comprar ouro e dólar diretamente e guardá-los em casa ou num cofre de banco, mas os fundos são mais simples de gerir do que os ativos físicos propriamente ditos. Eu aconselho sempre a manter uma reserva em fundos cambiais e de ouro (o ouro é a proteção final caso até a economia americana vá para o buraco!) como um ancoradouro em tempos de tempestade econômica.

Um fundo cambial em dólar também serve como poupança para fazer uma viagem ao exterior. Desta forma você tem a certeza da quantidade de dólares que terá a disposição no momento da viagem sem se preocupar com o câmbio corrente.

FUNDOS DE PREVIDÊNCIA

Fundos de previdência são uma categoria especializada de fundos de investimento que tem toda uma legislação somente para este tipo de investimento. É um assunto tão vasto que iremos dedicar um capítulo a parte do livro somente para eles. Basicamente, são fundos de longuíssimo prazo visando a aposentadoria das pessoas.

CONSIDERAÇÕES FINAIS SOBRE OS FUNDOS

Fundos de investimento são a forma mais fácil de se investir de forma diversificada. Existe uma variedade sem fim de fundos para todos os gostos, fundos com aplicações mínimas bem baixas, liquidez alta, fundos de baixo risco, alto risco e etc. Antes de investir em um fundo investigue a fundo! Preste atenção especial na taxa de administração e outras taxas escondidas. Veja as regras do fundo para examinar em que títulos ele aplica, a proporção dos investimentos e outros detalhes.

Todos os dias, jornais especializados em economia como o Valor Econômico publicam uma listagem completa dos fundos com rentabilidade e taxas de administração. Dê uma pesquisada lá primeiro antes de aplicar. Um ponto que você tem que ter em mente é que rentabilidade passada não é garantia de rentabilidade futura. Isto é verdade em especial para fundos de risco como os fundos de ações e multimercado.

Uma excelente ferramenta na Internet é o site de comparação de fundos da Vérios Investimentos: https://verios.com.br/apps/comparacao/log/otimo/cdi/

Esse site permite comparar a rentabilidade de vários fundos com índices padrão do mercado como a taxa CDI e o índice BOVESPA. Abaixo coloco um exemplo dessa análise:

https://verios.com.br/apps/comparacao/log/otimo
/cdi/12082452000149/09601190000177/080806800
00102/00840011000180

A curva preta é a taxa CDI ao longo do período, a curva azul é um fundo de ações da IP Participações, a curva vermelha é o fundo de ouro da Órama, a curva verde é um fundo multimercado do Banco do Brasil, e a curva laranja é um fundo DI de alta performance do BTG Pactual. Como falamos o ouro é um seguro. Na época do impeachment da Dilma o preço do ouro disparou!

FUNDOS DE PREVIDÊNCIA

Fundos de previdência são uma classe bastante especial de fundos de investimento que visam dar uma complementação adicional à previdência do INSS. A não ser que você seja um funcionário público, a aposentadoria do INSS provavelmente será muitas vezes menor que seu salário da ativa (eu espero que a reforma acabe com esta distorção), assim, é altamente recomendável que você inicie a fazer uma poupança por fora para ter tranquilidade na sua aposentadoria.

E qual vantagem de um fundo de previdência em relação a suas próprias economias? Bem, eu diria que são muitas, mas a principal delas é a questão tributária. Como tem vários planos de previdência que iremos explicar mais tarde, neste momento o que podemos dizer é que no mínimo você vai deixar de pagar imposto hoje para pagá-lo no futuro quando for resgatar a previdência. A vantagem é que sobrará mais dinheiro hoje para investir, e como você já viu nos capítulos iniciais, juros sobre juros ao longo de dezenas de anos fazem uma diferença incrível. Outra vantagem dos fundos de previdência é a disciplina. Não que você seja obrigado, mas é padrão você contratar o fundo com uma obrigatoriedade de aportes mensais. Deste modo, a existência de um fundo obriga você a poupar um dinheiro que você seria tentado a gastar. Lembre-se do primeiro capítulo, um dinheiro poupado muitas vezes vale muito mais do que juros ganhos!

Tem duas modalidades básicas de planos de previdência, o PGBL e o VGBL. O PGBL (Plano Gerador de Benefício Livre) é mais adequado para quem faz a declaração do imposto de renda utilizando o modelo completo, pois o dinheiro poupado no ano pode ser deduzido da renda bruta utilizada no cálculo do IR em até 12% desta renda. Assim, digamos que sua renda bruta anual foi de R$ 100.000,00. Você poderia deduzir até R$ 12.000,00 reais por conta do investimento em um fundo PGBL. Isto pode significar a diferença entre pagar imposto na declaração anual de ajuste ou ter a receber!

Por outro lado, o VGBL (Vida Gerador de Benefício Livre) é mais indicado para aqueles que fazem a declaração simplificado, pois as contribuições anuais não são dedutíveis do IR. Entretanto, no resgate, o imposto é cobrado apenas sobre os rendimentos e não sobre o principal investido.

Uma vantagem sobre fundos de investimento

tradicionais é que o imposto é cobrado apenas no resgate, então aqui não temos a figura do malfadado come-cotas.

No futuro, este dinheiro servirá para complementar sua renda, mas estará sujeito ao imposto sobre a renda. Aqui temos duas modalidades que valem tanto para o PGBL como para o VGBL, que são a progressiva e a regressiva. A tabela progressiva basicamente segue a tabela do imposto de renda que atualmente segue os valores abaixo (em renda anual):

Tabela 3 - Tabela Progressiva

Base de cálculo	Alíquota	Parcela a deduzir
Até R$ 22.847,76	Isento	-
De R$ 22.847,77 até 33.919,80	7,5%	R$ 1.713,58
De R$ 33.919,81 até 45.012,60	15%	R$ 4.257,57
De R$ 45.012,61 até 55.976,16	22,5%	R$ 7.633,51
Acima de R$ 55.976,16	27,5%	R$ 10.432,32

Na tabela regressiva, o imposto de renda fica menor quanto mais tempo seu dinheiro fica aplicado lá. A tabela regressiva está mostrada na Tabela 4 abaixo:

Tabela 4 - Tabela Regressiva

Prazo de cada aporte	Alíquota
0 a 2 anos	35%
2 a 4 anos	30%
4 a 6 anos	25%
6 a 8 anos	20%
8 a 10 anos	15%
Acima de 10 anos	10%

Assim, como fundos de previdência são aplicações de longo prazo (20, 30, 40 anos!), a princípio a tabela regressiva sempre é mais vantajosa, lembrando sempre que no PGBL o imposto é cobrado sobre o montante total e no VGBL apenas sobre os rendimentos (isto porque no PGBL você já deduziu o imposto antecipadamente).

A escolha entre PGBL, VGBL e tabelas progressiva ou regressiva é feita no momento da contratação do fundo. Assim, pense bem antes de contratar o fundo, pois depois não é mais possível a troca da modalidade de plano.

Muito cuidado também quando contratar seu plano, faça várias perguntas: Existe taxa de carregamento? É cobrada uma taxa de saída? Qual a taxa de administração do fundo?

A taxa de carregamento é um lucro adicional que o banco tem sobre o seu investimento e pode ser de até 5% em cada aporte. Ela funciona da seguinte maneira, digamos que seu aporte mensal no fundo é de R$ 100,00, antes do banco fazer a aplicação ele fica com R$ 5,00 para ele, e apenas R$ 95,00 é aplicado no seu fundo! Simples assim! É uma taxa de lucro abusiva que hoje em dia está praticamente em extinção, e se você ainda tem um plano absurdo desses (em geral planos antigos), caia fora, se aplicar na poupança é capaz de ter um rendimento melhor.

Taxa de saída é cobrada em alguns planos quando você faz o resgate ou a portabilidade para outra instituição financeira (veremos mais adiante sobre portabilidade). Também é uma taxa abusiva na minha opinião e leia as letrinhas pequenas no contrato do seu fundo para ver se ele tem esta taxa.

Finalmente temos a taxa de administração do fundo que é como qualquer taxa de administração de fundos de investimento. Procure sempre fundos com a menor taxa de administração possível.

Agora, você deve estar se perguntando onde a instituição financeira investe seu dinheiro? Em fundos de investimento que podem ser de renda fixa, multimercado, ações e outros. A única diferença é que estes fundos seguirão as regras tributárias de fundos de previdência e para isto tem que ser constituídos como tal. No momento da contratação do fundo, em geral, a instituição financeira pergunta o seu perfil para saber em que tipo de fundo ela irá aplicar. Se você disser que tem um perfil conservador, ela irá aplicar exclusivamente em fundos de renda fixa. Particularmente, como é um investimento de longo prazo, eu indico que você seja mais ousado e peça para fazerem aplicações em fundos multimercados ou uma carteira de ações. No longo prazo, estes tipos de investimento sempre irão ganhar da renda fixa, especialmente agora em que os juros estão baixos e não tem uma perspectiva de alta nos próximos anos. De novo, pergunte qual a taxa de administração dos fundos onde seu dinheiro será aplicado. O ideal são taxas de administração abaixo de 1%.

Como você irá usufruir deste investimento na sua aposentadoria? No momento da contratação você indica a idade em que você irá resgatar o fundo. É claro que o ideal é deixar para resgatar o fundo quando você irá efetivamente se aposentar (eu diria 65 anos) e usufruir de suas economias. Neste momento, você tem a opção de fazer um resgate total do fundo (vai pagar os impostos devidos neste momento) e deste modo sua relação com a seguradora ficará encerrada totalmente, ou você pode ter a opção de ter uma renda vitalícia até sua morte. A opção de renda vitalícia é calculada no momento do resgate e vai depender do montante acumulado até o momento e a tabua atuarial (perspectiva de vida) no momento da contratação do plano. A vantagem é que você irá receber aquele montante mensal até o final da vida. A desvantagem é que o saldo restante fica para o fundo de investimento, não vai para seus descendentes, mesmo se morrer um dia após o início da renda vitalícia. Se você morrer antes da data final do contrato, o dinheiro fica para quem você designou na assinatura do contrato. Na maioria dos estados não há imposto de herança sobre o saldo dos fundos de previdência. Cheque a legislação de seu estado.

Resumindo, os fundos de previdência privada são fundamentais na vida do cidadão, pois proporcionam uma maneira de poupar com regras bem definidas e dão uma certa segurança na velhice sem depender da previdência oficial. Inicie seu plano o quanto antes!

AÇÕES

O Santo Graal dos investimentos, ações! Para conseguir ganhos expressivos acima da taxa CDI e Selic, você tem que investir no mercado de ações.

Mas o que é uma ação de uma empresa? Basicamente, uma ação é uma parte do capital total da empresa. Assim, quando você compra uma ação de uma determinada empresa, se torna sócio dela. As ações são a maneira mais fácil de você se tornar um empresário. Ao se tornar sócio de uma empresa, você participa dos lucros dela, e quando ela dá prejuízo, você não ganha nada e o preço das ações da empresa caem, pois as ações expressam o valor da empresa. Se a companhia vai mal as ações também vão mal via de regra. E se a empresa for a falência, suas ações viram pó e você perde tudo, mas a dívida da empresa não fica com você. Então, se você escolher uma boa empresa não é um mau negócio, recebe uma parte dos lucros com pouco esforço, e o seu risco é apenas o capital aplicado inicialmente na compra das ações.

Nem todas as empresas têm ações comercializadas em bolsa de valores. De fato, a maioria das empresas é de capital fechado, isto é, ela pertence a uns poucos sócios. As empresas abrem seus negócios, isto é, comercializam ações na bolsa por vários motivos, mas o principal é captar dinheiro para novos investimentos. A operação de abertura de capital de uma empresa é chamada de IPO (Initial Public Offering), que traduzindo livremente é Oferta Pública Inicial. Você já deve ter ouvido falar de IPO's famosos como o do Facebook, Alibaba e outros.

Antes de nos aprofundarmos no mercado de ações, você tem que saber como comprar ações. As ações são comercializadas na bolsa de valores através de intermediários especializados chamados corretores. Os corretores trabalham nas corretoras e o primeiro passo para negociar ações é abrir conta numa corretora. Todos grandes bancos tem suas corretoras e você pode comprar ações através deles, mas o mais interessantes é trabalhar com instituições financeiras especializadas em investimentos que possuem especialistas que em geral respondem muito rápido às suas dúvidas e não vão ficar querendo te empurrar produtos ruins como títulos de capitalização (fuja desse Baú do Tesouro!).

Entre as melhores e maiores corretoras podemos destacar a **BTG Pactual** (https://www.btgpactualdigital.com/b/), a **XP Investimentos** (https://www.xpi.com.br/), a **Órama** (https://www.orama.com.br/), a **Rico** (https://www.rico.com.vc/) e a Easyinvest (https://www.easynvest.com.br/). Todas essas corretoras oferecem aplicativos de celular e o Home Broker é a aplicação onde você poderá fazer seus investimentos em ações. Antigamente, quando você comprava uma ação, recebia um papel de verdade que era a ação da empresa. Hoje em dia é tudo eletrônico e não você não pode mais guardar ações em casa. As ações (virtuais) ficam sob a custódia da Central Depositária BM&F Bovespa em formato eletrônico. Existe um custo por essa guarda das ações, mas atualmente a maioria das corretoras não cobra pela custódia das ações.

Assim como você paga pelos serviços de um corretor para vender seu imóvel, é pago um dinheiro para as corretoras fazerem a compra e venda das ações na bolsa. Isto é chamado de taxa de corretagem, e para cada transação é cobrada uma taxa de corretagem que hoje gira em torno de 8 reais por transação. A taxa de corretagem varia por corretora, então, faça uma pesquisa pelas corretoras para escolher a que mais lhe agradar.

Quando começou o mercado de ações no Brasil, existiam várias bolsas de valores espalhadas pelo Brasil, mas atualmente o país só tem uma bolsa de valores (assim como a maioria dos países) que é a BOVESPA. Todas as ações brasileiras são comercializadas através da BOVESPA, cujo índice é um termômetro da economia do país. As bolsas são muito suscetíveis a acontecimentos políticos, e em geral, em épocas de crise política a variação da bolsa é bastante alta.

As ações normalmente são comercializadas em lotes de 100 ações. Assim, você precisa de um capital inicial razoavelmente grande para iniciar, pois em média cada ação fica em torno de vinte a quarenta reais. Existem ações com custo bem baixo, até dez reais por ação, mas em geral são ações de empresas pequenas, e, portanto, de maior risco, e de menor liquidez, isto é, você pode ter dificuldades de vender essas ações, pois são pouco comercializadas. Então, é necessário um capital inicial relativamente alto comparado com outros tipos de investimentos.

Para comprar ações em lotes menores que 100 ações, de 1 a 99 ações, é necessário acrescentar a letra F após o ticker (veja explicação detalhada deste termo nos parágrafos a seguir) normal da ação. Assim, para comprar 10 ações da Petrobras PN escolha o ticker PETR4F ao invés de PETR4.

Uma vez que você abriu uma conta numa corretora e tem dinheiro disponível (você precisa transferir seu dinheiro do banco para a corretora incialmente), é muito fácil investir em ações, é só abrir o Home Broker, escolher uma ação, o preço que quer pagar por ela, a quantidade de ações e apertar o botão comprar, e assim que a ordem de compra for executada você é um feliz sócio de uma empresa.

As ações têm códigos (chamados de Tickers no jargão da bolsa) para a compra composto de 4 letras seguidos de um ou dois números. O site do BOVESPA tem uma listagem de todas as empresas

que têm ações na bolsa com seus códigos:
http://www.b3.com.br/pt_br/produtos-e-servicos/negociacao/renda-variavel/empresas-listadas.htm

Por exemplo, a Petrobras tem os códigos PETR3, e PETR4. As ações que têm o número 3 no final, são ações ordinárias (ON) que tem direito a voto na assembleia dos acionistas, e as ações com final 4 são ações preferenciais (PN) que não tem direito a voto. A vantagem das ações PN é que elas têm preferência na distribuição de dividendos em caso de lucro, e tem mais liquidez na bolsa de valores. Então, prefira ações PN, pois para pequenos investidores ter direito a voto não é uma grande vantagem. Essa diferenciação só existe no mercado brasileiro. É mais uma das famosas jabuticabas brasileiras que tanto infestam o Brasil.

Há duas maneiras de ganhar dinheiro com ações, uma é a que já falei que é receber uma parte do lucro da empresa que é distribuído regularmente todos os anos, e a outra, que talvez esteja mais no imaginário das pessoas, é comprando e vendendo ações e lucrando com a diferença de preço nestas operações.

A distribuição de lucro para os acionistas na forma de juros sobre o capital entra como despesas para companhia que está distribuindo os lucros, e assim, o acionista irá pagar o imposto de renda de 15% sobre esta parcela dos lucros. Os acionistas não pagam imposto em cima dos dividendos, pois eles já foram cobrados junto a empresa. Esta é uma das vantagens das ações preferenciais, pois a proporção de distribuição de lucros via dividendos é maior para os portadores de ações PN do que os portadores das ações ON.

Viver de compra e venda de ações diariamente é chamado de trading no jargão da bolsa, e quem vive disso é chamado de *trader*. É possível viver de *trading*? Acho que é, mas você tem que fazer disto a sua vida, pois em questão de minutos, você pode perder tudo que ganhou em um mês. A lógica por detrás de ganhar com trading é muito simples, comprar na baixa e vender na alta. Não tem nada a ver em investir em empresas sólidas, com bons projetos. O problema é saber quando uma ação está na baixa ou na alta. Existem algoritmos para prever o sobe e desce do preço das ações, mas acho que a taxa de acertos destes algoritmos é baixa senão todos seriam milionários, e se alguém tem um algoritmo mágico desses, o proprietário irá mantê-lo para si, pois se todos seguirem a estratégia dele, isto irá influenciar o preço das ações e aí o algoritmo vai para o espaço. Eu aconselho a você ficar de fora dessa, pois é uma loteria, em especial aqui no Brasil onde a instabilidade política é a norma. E como falei, não é barato investir em ações. Para ter algum lucro razoável, você terá que ter um capital inicial de pelo menos R$ 10.000,00, e estar disposto a perder tudo, pois isto é possível. Além disso, o imposto de renda em cima de compras e vendas no mesmo dia é maior que o normal e obrigatório em caso de lucro.

Recentemente, a corretora Clear passou a não cobrar a taxa de corretagem. São cobradas apenas algumas taxas e emolumentos por operação que somam alguns centavos a cada operação. Isto torna esta corretora ideal para quem quer trabalhar como *trader*, pois o custo de corretagem muitas vezes é muito alto, o que somente torna atrativo o *trading* apenas para quem opera com altas somas de dinheiro. Desta maneira, a Clear tornou acessível o trading para o pequeno investidor. Acesse o endereço https://www.clear.com.br para obter mais informações sobre esta corretora feita especialmente para o trading.

Na minha opinião, o investimento em ações tem que seguir uma lógica de aplicar em empresas bem administradas, com bons fundamentos econômicos e que visam o longo prazo. Ao seguir estes preceitos você poderá ter ganhos bastante acima das taxas Selic e CDI. Os projetos de uma empresa rentável têm taxas de atratividade de pelo menos 8% ao ano, e muitas vezes esses projetos somente são aprovados se possuírem um lucro projetado bem acima disso.

Assim, procure investir em ações de empresas sólidas que tem uma garantia de longevidade e lucro. Procure ações das chamadas *Blue Chips*, isto é, ações das empresas mais valiosas da bolsa. O nome é originário dos cassinos onde as fichas mais valiosas tem a cor azul. Na BOVESPA, as *blue chips* são a Vale do Rio Doce, a Petrobras, o Itaú, e o Banco do Brasil entre outras. Em geral são as ações mais comercializadas da bolsa e por isto de maior liquidez, mas apesar dessas empresas serem gigantes, isto não é garantia de lucro, vide a Petrobras durante os anos da Dilma que quase foi a falência devido à péssima administração da empresa.

E coloque isto na cabeça: ações são um investimento de longo prazo. Num horizonte de 5 a 10 anos é quase impossível você sair perdendo. Assim, o quanto antes você começar a investir em ações melhor. Veja o gráfico do índice BOVESPA abaixo:

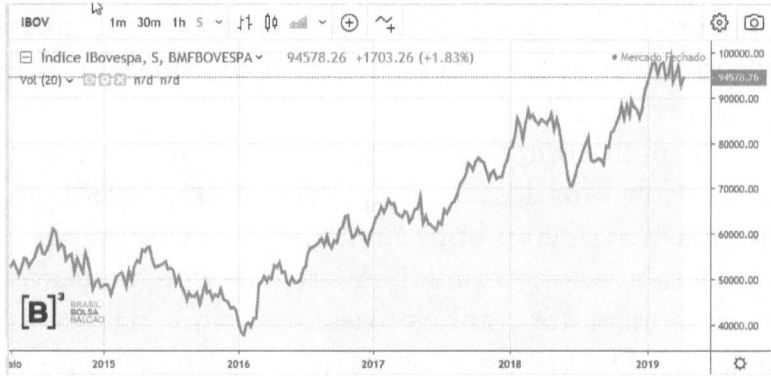

Em cinco anos o índice BOVESPA que mede a valorização das ações de maior volume financeiro da bolsa brasileira valorizou em torno de 80%, enquanto o CDI teve uma valorização no mesmo período de aproximadamente 55%. É uma diferença considerável, e isto tende a aumentar mais ainda com a queda dos juros no Brasil.

Mas não pense em ficar milionário da noite para o dia aplicando em bolsa. É mais provável que você perca todo seu capital do que fique milionário. Vamos examinar um caso. Digamos que você tinha R$ 1.500,00 como capital inicial para aplicar na bolsa em 2015. Com grande sagacidade resolver apostar num varejista, o Magazine Luíza (MGLU3), e comprou 200 ações a R$ 7,50 em 04/01/15. Como esse dinheiro era um extra, não mexeu nas ações até 10/09/17 quando vendeu as ações por R$ 83,00. Resultado fantástico, você conseguiu R$ 16.600,00, um ganho de mais de 1000%! Mas cadê o seu milhão? Bom, não satisfeito com este resultado você espera mais alguns meses e volta a investir no Magazine Luíza quando as ações baixaram para R$ 49,00 em 05/11/2017. Dessa vez com seus dezesseis mil e seiscentos reais conseguiu comprar 300 ações e ainda sobrou um troco de R$ 1.900,00 que você resolveu dar uma festa para comemorar. Você esperou até hoje e as ações novamente valorizaram mais de 240 %, mas o seu capital total não passa de R$ 51.000,00! Cadê o seu milhão?

O caso descrito acima é excepcional, mas com um capital inicial baixo você não consegue um milhão de reais em poucos anos. Isto só se consegue com capitais maiores e tendo a sorte de apostar somente em ações vencedoras, o que é algo extremamente difícil. Então, não se iluda que com um capital inicial pequeno você ficará milionário em pouco tempo. Isto leva tempo e somente com disciplina de poupar todos os meses e aplicar em investimentos diversificados que você conseguirá chegar a ser milionário com aplicações financeiras.

Com relação a variação de preço das ações e dos índices das bolsas, tudo que é informado é em relação ao preço de fechamento do dia anterior, isto é, o último preço comercializado da ação no pregão anterior. Assim, quando se diz que o IBOVESPA subiu 2%, está se referindo dois pontos percentuais com relação ao índice de fechamento do dia anterior. No dia as ações podem variar acima e abaixo do preço de fechamento do pregão anterior, por isto que aconselho a observar um pouco mercado do dia antes de executar sua ordem de compra ou venda.

ETF (EXCHANGE TRADED FUNDS)

Então, não vale a pena investir em ações? É claro que vale, mas como já falei é um investimento de longo prazo. Mas qual ação comprar? Esta é a grande questão. Na minha opinião o melhor é comprar construir um portfólio de ações de grandes empresas ao longo dos anos para minimizar perdas casos uma das ações caia muito. Outra opção mais barata para se investir no mercado acionário é comprar ações dos chamados ETF's (Exchange Traded Funds). ETF's ou Fundos de Índices são fundos que aplicam em ações que seguem os índices da bolsa, o IBOV por exemplo. Aqui no Brasil existem vários ETF's que simulam a valorização de um índice da BOVESPA (IBOV), como o BOVA11, o BOVV11, e o SMAL11. O site a seguir tem a listagem completa de todos os ETF's negociados no Brasil:
https://blog.magnetis.com.br/etfs-listados-na-bolsa/
Estes fundos não distribuem dividendos ou juros, pois o lucro distribuído pelas empresas que compõe o índice é reinvestido na compra de ações da carteira. Este é um dos mecanismos que faz com que as cotações destes fundos sigam os índices

escolhidos. Assim, a única maneira de lucrar com as ETF's é na comercialização das cotas.

Veja nos gráficos abaixo a comparação da variação do IBOVESPA com o BOVA11 e o BOVV11. O primeiro gráfico é o IBOV, o segundo o BOVA11, e o último o BOVV11. Como se pode ver tanto o BOVA11 como o BOVV11 seguem as variações do IBOV quase que perfeitamente.

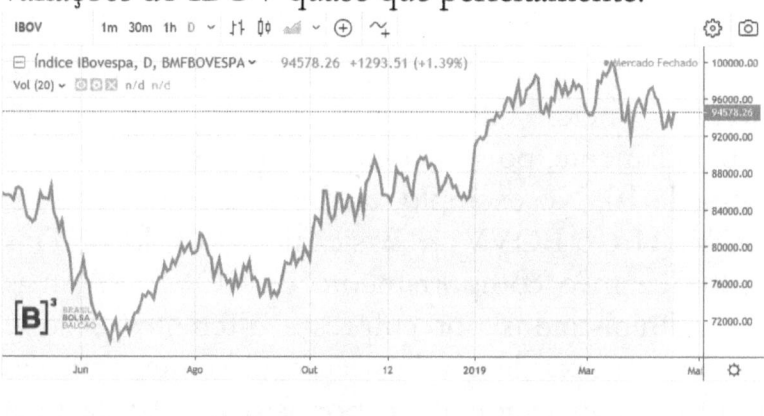

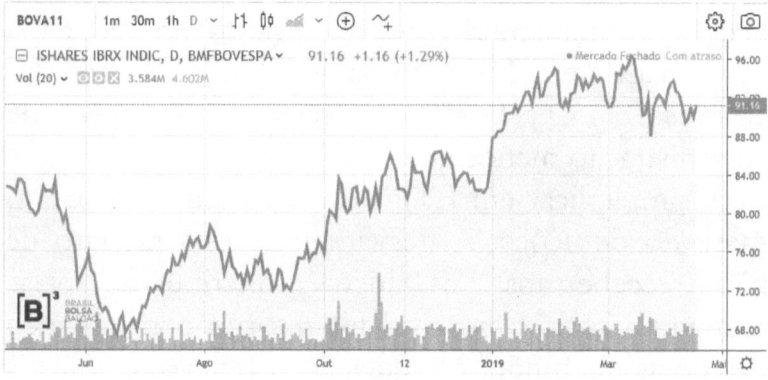

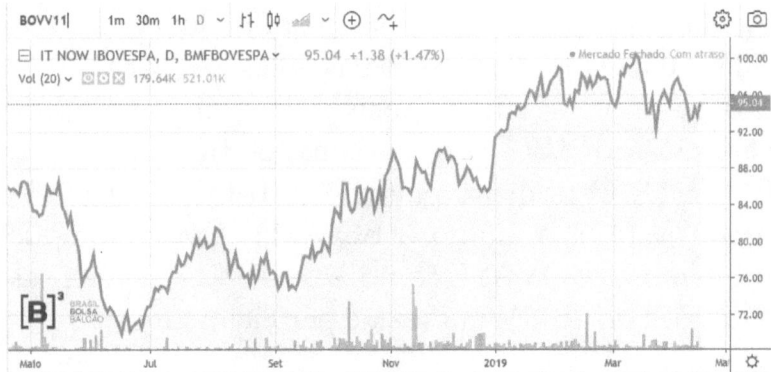

Outra vantagem dos ETF's é que é mais barato se investir neles do que comprar as ações separadamente, pois as cotas são comercializadas em lotes de 10. No exemplo, qual é a diferença entre o BOVA11 e o BOVV11? Basicamente, os dois ETF's reproduzem o comportamento da BOVESPA, mas são administrados por empresas diferentes e deste modo tem taxa de administração diferente (sim, são fundos de investimento e por isto é cobrada uma taxa de administração que na prática irá reduzir a quantidade de ações reinvestidas com os lucros das empresas). O BOVV11 tem uma taxa de administração menor que o BOVA11.

Assim, aplicar em ETF's é uma alternativa para o mercado de ações. A desvantagem está no fato de não recebermos o lucro distribuído pelas companhias. Só é possível ter retorno com a venda das cotas do fundo. Na questão tributária, os ETF's seguem a mesma lógica do mercado de ações, isto é, é pago um imposto de 15% em cima do lucro realizado com a venda das ações. Entretanto, ao contrário do mercado normal de ações, toda operação lucrativa com ETF's deve pagar imposto, pois não há o limite de isenção mensal de 20 mil reais. No mercado acionário regular, se o valor bruto das ações vendidas em um mês não exceder R$ 20.000,00 não é cobrado imposto sobre as operações lucrativas. Se as ações forem vendidas com prejuízo, isto pode ser recuperado em lucros futuros.

FII

Como foi falado no capítulo dos fundos de investimento, além das ETF's, existem fundos imobiliários que também tem suas cotas comercializadas na bolsa de valores. São os chamados fundos imobiliários. Para angariar dinheiro para um investimento imobiliário (shopping, edifícios comerciais, e etc.) inicialmente são vendidas uma quantidade fixa de cotas. Após esta venda inicial, as cotas somente podem ser adquiridas através da comercialização na bolsa de valores. É relativamente barato investir em cotas de FII (Fundos de Investimento Imobiliário) porque elas são comercializadas por unidades, e não em lotes de 10 ou 100. A distribuição de rendimentos desses fundos é mensal e gira em torno de 5 a 6% ao ano do capital aplicado. Não é grande coisa, mas é um rendimento mensal livre de impostos (deve ser declarado na seção de Rendimentos Isentos e Não Tributados na declaração anual do imposto de renda). Entretanto, você paga 20% em cima do lucro com a comercialização das cotas do fundo e o limite de vinte mil reais não se aplica para a isenção de imposto de renda no caso de FII's. Encare os FII's como um modo fácil de investir em imóveis para alugar. Você não irá se preocupar com inquilinos, IPTU, taxa de corretoras e etc. Como qualquer outro fundo você tem que confiar nos gestores, por isto procure FII's de grandes investidores. Note que os códigos dos FII's que tem cotas em bolsa têm sempre o número 11 no final, do mesmo modo que os ETF's.

O site https://clubefii.com.br/Default é um bom local para buscar informações sobre FII's. Ali você busca um fundo pelo nome e logo vem uma página com todas informações do fundo (ticker, gestor, capital, ativos, etc.).

TÓPICOS AVANÇADOS

Uma operação interessante que pode ser feita na bolsa de valores é a venda de ações que você não possui! Isto é feito quando você aposta na baixa de uma ação, então você venda na alta e compra as ações de volta na baixa lucrando a diferença de preço entre a venda e a recompra. Esta operação é possível fazer porque existe um mecanismo de aluguel de ações. Quando você abre seu contrato de Home Broker com a corretora, normalmente ele irá pedir sua autorização para o aluguel das ações que você possui. Assim, quando alguém fizer uma operação de venda (ou operação short no jargão da bolsa) com suas ações, a corretora irá lhe pagar uma pequena soma em dinheiro por mês por isto. Não se preocupe, a sua ação alugada continua sua. Se você em um dado momento quiser vender esta ação, a corretora irá oferecer ações de outros acionistas ou irá pedir ao vendedor para recomprar suas ações imediatamente. A operacionalização das operações short depende da corretora. Tem corretoras que entendem que você está numa posição vendida no Home Broker e automaticamente fazem a operação, enquanto outras é necessário telefonar para a mesa de operações da corretora. Qual o risco que se corre numa operação short? Se as ações subirem, você tem que ter o dinheiro para cobrir a diferença entre o preço de venda e recompra. Deste modo, é importante você monitorar diariamente o preço das ações e colocar um stop loss, ou seja, um preço de recompra das ações para minimizar o prejuízo se for o caso.

Você já deve ter ouvido falar que opções são um assunto complexo, e são mesmo! Opção é uma operação onde o titular de um ativo dá o direito de compra ou venda desse ativo por um determinado preço (strike price) até uma determinada data. Quando você compra uma opção, o titular das ações se vê obrigado a vender (ou comprar) as ações pelo preço pré-determinado independente do preço de mercado. Por exemplo, você comprou uma opção de comprar 100 ações da Petrobras a R$ 25,00 no dia 10/05. Se no dia 10/05 as ações estiverem no mercado a um preço de R$ 30,00, o titular é obrigado a vender as ações por R$ 25,00. Você tem o direito de exercer a opção ou não. Se você não exercer este direito até a data de vencimento da opção, você perde o preço que pagou pela opção. O preço pago por uma opção é chamado de prêmio, pois opções são o equivalente a um seguro no mercado de ações.

Opções são comercializadas através da bolsa de valores também, e seu código é composto das quatro letras da ação da opção seguido por uma letra que diz a data do exercício da opção e de um, dois ou três números que em geral significam o preço de strike da opção. Assim, PETRQ319 é uma opção de venda de ações da Petrobras no mês de maio com um preço de venda de R$ 31,90. Nem sempre os números após o mês de exercício da opção significam o preço de strike. Para saber exatamente o strike das opções vá no site da BOVESPA, e consulte a opção desejada:
http://www.b3.com.br/pt_br/market-data-e-indices/servicos-de-dados/market-data/consultas/mercado-a-vista/opcoes/posicoes-em-aberto/

Letras de A a L para o exercício da opção correspondem aos meses de janeiro a dezembro para opções de compra, também chamadas de call's, e as letras de M a X idem para as opções de venda, também conhecidas por put's. Note que com opções você pode lucrar exercendo a opção ou lucrar com a venda da opção por um prêmio maior do que o você pagou inicialmente da mesma maneira que o mercado de ações a vista.

Assim como no mercado de ações a vista, é possível você vender opções, mas CUIDADO com isto, pois se você for exercido, terá que ter dinheiro disponível para cobrir o exercício da opção. O mercado de opções é altamente especulativo e complexo, e eu diria que não é para os fracos. Você tem que estar atento a todas as notícias do mercado financeiro e de negócios para vislumbrar a possibilidade de preços no futuro e ter uma oportunidade de negócios com alta probabilidade de lucro.

CONSTRUINDO O PORTFÓLIO IDEAL

Há dezenas de estratégias de montagem de portfólio de investimentos, assim, a sua estratégia tem muito a ver com o seu perfil de risco. Uma coisa é certa, quanto antes você começar a poupar melhor será.

Em primeiro lugar, você deveria se preocupar com sua aposentadoria. Não aposte suas fichas na aposentadoria governamental! Este texto foi escrito durante as discussões da revisão da aposentadoria no Brasil, e se as regras não mudarem, as perspectivas não são boas, isto é, o país não terá condições de pagar as pensões no futuro. Então, comece a poupar agora para sua aposentadoria sem contar com a aposentadoria governamental. Você deve reservar 10% do seu salário mensal para colocar num fundo de previdência privado. Volte a ler o capítulo sobre Fundos de Previdência e contrate de imediato um plano para você.

Para que você consiga ter capital para investimentos, você tem que conseguir economizar pelos menos 20% dos seus rendimentos mensais para construir um portfólio de investimentos. Sei que isso é difícil por experiência própria, mas sem uma disciplina de orçamento não se consegue um acumular um capital razoável que dê tranquilidade para o futuro. Como falei, coloque 10% num fundo de previdência privada, o restante você irá investir num misto de renda fixa e renda variável para maximizar os rendimentos com um risco baixo.

Para quem é conservador, eu aconselho colocar 65% em renda fixa, de preferência em títulos do tesouro direto, 20% em FII's e 15% em ações. Se for muito complicado para você comprar uma carteira de ações, invista a parte de seu portfólio destinada ao mercado acionário em ETF's.

Para os mais ousados, eu sugiro uma carteira com 45% em títulos do Tesouro Direto, 45% em ações e 10% em FII's. Se quiser investir direto em ações sugiro que compre as ações blue chips do mercado brasileiro, isto é, Petrobras (PETR4), Vale (VALE3), Itaú (ITUB4), Banco do Brasil (BBAS3), e outras grandes sólidas empresas do Brasil como Ambev (ABEV3) e Vivo (VIVT4), entre outras.

Agora se você não quer se incomodar com a construção do seu portfólio, vá para fundos multimercado que tem profissionais por detrás deles tentando fazer a maximização dos rendimentos com uma minimização de risco. A desvantagem dos fundos é que é difícil descobrir onde é aplicado o capital dele, e consequentemente, você tem menos controle e paga pela administração do seu dinheiro (taxa de administração). Mas não aplique todo seu capital em um único fundo. Escolha pelo menos dois ou três com perfis diferentes para não colocar todos os seus ovos numa única cesta.

Se você tem interesse em poupar para objetivos de mais curto prazo, o ideal é procurar um fundo mais conservador com liquidez diária que dê um rendimento próximo ou igual a taxa CDI, ou então, o título Tesouro Selic. E se a sua intenção é construir uma poupança para uma viagem ao exterior, aplique num fundo cambial como o VOTORANTIM FIC FI CAMBIAL DOLAR. Deste modo, você garante que terá a quantidade de dólares desejada para a sua viagem sem se importar com a variação cambial do período.

O mais importante é começar a aplicar o quanto antes, pois lembre-se que na maioria dos casos é juro sobre juros, é uma bola de neve que no final da montanha estará enorme.

Um exemplo de um portfólio conservador pode ser visto abaixo:

Título	Valor (R$)	%
Tesouro Selic 2025	3.500,00	34,78
Tesouro IPCA+ com juros semestrais 2035	3.000,00	29,81
High Grade RBRR11	964,80	9,59
BB Progressivo II BBPO11	1.115,60	11,09
BOVA11	1.482,085	14,73
Total	10.062,49	100

A próxima tabela mostra um portfólio agressivo com ações:

Título	Valor (R$)	%
Tesouro Selic 2025	5.000,00	20,46
Tesouro IPCA+ com juros semestrais 2035	6.000,00	24,45
PETR4	2.725,00	11,25
VALE3	5.042,00	20,63
ITUB4	3.380,00	13,83
High Grade RBRR11	1.179,20	4,82
BB Progressivo II BBPO11	1.115,60	4,56
Total	**24.441,80**	**100**
Título	**Valor (R$)**	**%**

O número de ações que está representado na tabela acima são o lote mínimo que você pode comprar (100 ações) e o preço foi calculado em cima do preço de fechamento do dia 26/04/2019. Como dissemos anteriormente, não é barato investir em ações, mas você pode ir comprando cada mês um lote de ações para ir compondo sua carteira.

Chegamos ao fim do nosso pequeno manual de finanças. Espero que você tenha aprendido um pouco e que comece a poupar imediatamente para ter um futuro mais tranquilo e atingir seus sonhos. Vai demorar para conseguir o seu primeiro milhão, não é fácil, mas com perseverança e determinação você consegue chegar lá.

OUTROS LIVROS DA EDITORA RCMP

História:
A Batalha do Riachuelo, A. L. von Hoonholtz
La Plata, Brazil and Paraguay, A. J. Kennedy
Campaign in France, J. W. von Goethe
War in Paraguay, G. Thompson
History of Paraguay, Vol. I, C. A. Washburn
History of Paraguay, Vol. II, C. A. Washburn
Paraguay and Her Enemies, M. T. McMahon
Letters from the Battlefield of Paraguay, R. Burton
Guerra do Paraguai, E. C. Jourdan
President Lopez Official Papers
The Captivity of Hans Stade, H. Stade & R. Burton
Guerra no Paraguai, G. Thompson
Sobre as Instituições Militares Romanas, Vegetius
The Twelve Great Battles of England
Ten Months in Brazil, J. Codman
Pen Pictures of Bristish Battles, R. Kipling and others
A Marinha de Outrora, A. C. de Assis Figueiredo

Outros Assuntos:
Conan: Cravos Vermelhos, Robert E. Howard
Digital Women, Richard T. Luschke
Digital Women II, Richard T. Luschke
Digital Closet I, Richard T. Luschke
Digital Closet II, Richard T. Luschke
Digital Closet III, Richard T. Luschke

Digital Model – Charlene, **Richard T. Luschke**
Unity para Principiantes, **Ricardo C. M. Portella**
Criando Jogos com o RPG Maker MV, **Ricardo C. M. Portella**

Check our web page for the latest news:
http://www.editorarcmp.com.br